AF249892

EXTRAIT

DU BULLETIN DE LA SOCIÉTÉ

DE

LÉGISLATION COMPARÉE

SOCIÉTÉ DE LÉGISLATION COMPARÉE

SÉANCE DU MERCREDI 12 DÉCEMBRE 1883

ALLOCUTION

DE

M. HENRI BARBOUX

ANCIEN BATONNIER DE L'ORDRE DES AVOCATS
PRÉSIDENT DE LA SOCIÉTÉ

MESSIEURS,

Tout a été dit sur l'intérêt et l'utilité de nos études. L'ardeur même avec laquelle nous les poursuivons, le zèle sans cesse renouvelé de nos collaborateurs, la faveur publique qu'excite, au lieu de la lasser, le nombre croissant de nos publications, sont autant de démonstrations de la vitalité de notre œuvre, autant de preuves qu'elle répond à un besoin vivement senti, et que sans elle il y aurait un vide dans la science française.

On se tromperait en croyant que cette faveur est seulement due à l'expansion des relations internationales et à la nécessité qui s'impose aujourd'hui aux praticiens de connaître, sur certains points, les lois étrangères presque aussi bien que les lois de la patrie. Sans doute, nos études ont, de ce côté, une utilité considérable et pratique qui frappe les yeux les moins attentifs et donne à chacun de nos annuaires une valeur toute spéciale d'actualité ; mais leur intérêt franchit bien vite cet horizon borné et rayonne sur tout le domaine du droit et de la politique. Par état, par penchant d'esprit, j'oserais presque dire par tempérament, les légistes sont toujours fortement attachés à leurs traditions et aux lois qu'ils ont coutume d'appliquer. Ce n'est pas qu'ils n'en discernent très bien les imperfections; mais l'expérience leur apprend qu'il est souvent plus dangereux de changer qu'il n'est incommode de souffrir. La pratique d'ailleurs se charge, par d'heureuses inconséquences, de combler les lacunes et de corriger les défauts de l'œuvre du législateur. Aussi la plupart des jurisconsultes tiennent résolument pour la médecine expectante, et l'empirisme ne sera jamais de leur goût. Toutefois une pareille tendance, érigée en système, ne tendrait à rien moins qu'à immobiliser la législation et à enrayer tout progrès. Mais elle est elle-même corrigée par l'observation des lois sous lesquelles vivent des peuples dont la civilisation et l'état social sont semblables aux nôtres. Les différences qu'on y remarque montrent clairement ce qui est essentiel et ce qui ne l'est pas. Alors le point de vue s'élève, et le perfectionnement des lois, œuvre si délicate et d'ordinaire si maladroitement poursuivie, devient un peu moins difficile.

La politique n'a pas moins à y gagner que la science. « Tous « ceux qui ont écrit sur les lois, dit Bacon, ont traité leur sujet « en philosophes ou en praticiens. Les philosophes avancent des « choses fort belles en paroles, mais inapplicables. Les praticiens, « attachés en esclaves aux lois de leur cité, ou aux lois romaines, « ou au droit canonique, n'ont point un raisonnement libre et, « dans leurs raisonnements, sont toujours captifs. Certes cette belle « étude est l'apanage des politiques, qui savent au vrai ce que comportent la société humaine, l'intérêt du peuple, l'équité naturelle, les formes diverses de gouvernement, et qui peuvent ainsi « juger des lois d'après les principes de l'équité et les exigences de « la politique. » (Bacon, traduit et cité par Laboulaye.) Si ces idées étaient justes dans un temps et dans un pays où le pouvoir législatif appartenait presque entièrement à une aristocratie, combien ces réflexions deviennent poignantes, là où le pouvoir législatif appartient au peuple lui-même, qui l'exerce presque directement par des mandataires dont les lois électorales se plaisent à exercer la docilité. Non pas, Messieurs, qu'il entre dans ma pensée de critiquer telle ou telle de nos lois; il suffit de remarquer que ce ne serait pas ici le lieu. Je reconnais d'ailleurs volontiers que la pratique des institutions démocratiques a des exigences auxquelles nul ne peut se soustraire. Mais on ne saurait non plus défendre au citoyen qui suit avec une attention patriotique la marche des choses, de souhaiter avec ardeur la diffusion des notions juridiques essentielles, comme contrepoids à cette facilité de faire et de défaire les lois qui fait de leur toute-puissance un véritable danger.

C'est, en effet, aujourd'hui une opinion généralement reçue qu'on peut tout faire à coups de lois; que le domaine du législateur est sans limites; que la majorité, légalement exprimée, équivaut à l'unanimité; qu'ainsi la minorité doit être considérée comme si elle n'existait pas; que chaque génération est libre de tout engagement vis-à-vis de ses devancières, et qu'une fois maître de la loi et des jugements, on n'a pas seulement le pouvoir, mais le droit de réformer toutes les parties de l'État, comme on le veut.

Cette théorie n'est pas toujours clairement aperçue par ceux qu en tirent le plus résolument les conséquences. Bien des gens, que nous voyons tous les jours, font de la philosophie du droit sans le savoir. Peut-être leur sera-t-il à cause de cela beaucoup pardonné; mais en attendant, le sophisme porte ses fruits; il altère l'une après l'autre toutes les parties de la législation; il pénètre peu à peu le langage et les actes; il n'est que temps de le combattre, et c'est à nous dont la seule ambition est d'éclairer tous les partis, qu'il appartient de résister à cette fausse doctrine, en ajoutant aux arguments de la philosophie les exemples que nous offrent les lois étrangères.

Notre époque a ceci de commode que tout y porte une couleur tranchée. Les nuances intermédiaires tendent à disparaître. Les écoles ont rejeté le masque d'une hypocrisie doucereuse; on peut les accuser d'erreur ou d'inconséquence, mais non de dissimulation; elles ne disent pas ce qu'elles veulent, elles le crient; et il est impossible, tant de bonne volonté qu'on y mette, de ne pas l'entendre. Sur quel principe font-elles reposer la notion du droit? La législation, et par conséquent la civilisation d'un peuple dépend de cela.

Je laisse de côté l'école théocratique qui fonde l'idée du droit sur la révélation divine. Celle-là d'abord, on sait bien ce qu'elle veut. — « Point de paix dans la société dont la doctrine et les lois « s'écartent de la loi et des doctrines révélées de Dieu, et quicon- « que, homme ou peuple, méprise cette loi, nie ces doctrines, ne « fut-ce qu'en un seul point, cet homme, ce peuple rebelle à Dieu « subit à l'instant le châtiment de son crime. Un malaise inconnu « s'empare de lui, je ne sais quelle force désordonnée le pousse et « le repousse en tous sens, et nulle part, il ne trouve de repos. » Ces fortes paroles ne sont ni de Bossuet, ni de Joseph de Maistre, elles sont de Lamennais, théoricien du pouvoir absolu de l'Église avant de l'être du pouvoir absolu du peuple, et qui crut affranchir son esprit, quand il ne changeait que d'esclavage.

Sans méconnaître la grandeur d'une telle conception du droit, sans oublier ce que ui doit la civilisation européenne, il faut dire que nous ne la voyons plus inspirer directement ni les lois, ni le pouvoir. La même où la couronne et la tiare sont réunies sur la même tête, le souverain commande et non le prêtre. Le vent de l'opinion ne souffle pas de ce côté.

En face d'elle, se servant d'autres armes pour arriver à la même domination, se trouve l'école philosophique, ou, pour la nommer du titre qu'elle revendique, l'école révolutionnaire. Ici tout droit vient du peuple, et la volonté du peuple est la suprême loi. L'État représente cette volonté, et par conséquent tout doit s'incliner devant lui. Qu'il s'agisse de former les âmes par l'instruction, de régler les intérêts et d'interpréter les lois par les jugements, d'influer sur la répartition des richesses par les travaux publics et les entreprises, la solution est la même. La majorité, quand elle est légale, ne doit consulter que ses instincts. Voilà le premier caractère de cette école. Maintenant le souverain cesserait de l'être, s'il ne pouvait retirer à volonté le pouvoir qu'il est obligé de déléguer. Toutes les fonctions doivent donc être électives et très courtes. Les mandataires ne peuvent engager leurs mandants que pour la durée même du mandat; ils usurperaient sans cela le pouvoir qui ne leur appartient pas. Ainsi c'est là le second caractère de la doctrine; elle fait d'une instabilité systématique la base de toutes les institutions.

Lorsqu'avant 1848, on étudiait l'histoire de la Révolution, et qu'après avoir écouté le développement déclamatoire de ces théories, on assistait à l'application qu'en faisaient les rudes commentateurs des faubourgs, on pouvait croire que cette nouvelle notion du droit était condamnée par les souvenirs dont elle portait la responsabilité. Elle reparut un instant à la surface en 1848; mais les réformateurs qui l'avaient pieusement recueillie, lui avaient donné, dans leurs méditations solitaires, un caractère de rêverie idéale qui livrait les systèmes au ridicule et les rendait absolument inapplicables. Les journées de juin se chargèrent d'ailleurs de détruire le peu qu'on en avait voulu réaliser. Puis vingt ans se passèrent, pendant lesquels les effets de la théorie furent comprimés par le pouvoir qui cependant lui avait demandé sa force originelle. Il y eut là une sorte d'incubation silencieuse qui la transforma, si bien que nous la voyons à présent, forte des leçons qu'elle a reçues, disciplinée, sachant attendre, accroissant peu à peu ses conquêtes, envahissant l'une après l'autre toutes les parties du droit.

Cette école, comme la première, fait de son principe un dogme sous la majesté duquel elle entend bien, elle aussi, écraser toutes les dissidences; et si on lui demande quelle part elle laisse à la liberté, elle répond avec un légiste célèbre, que « la liberté est le « droit de faire tout ce que la loi ne défend pas », en sorte que si les lois défendent tout, la liberté, d'après la définition, n'en existe pas moins sous la servitude. Elle affirme qu'elle sort des entrailles mêmes de la démocratie; qu'elle en est l'expression nécessaire, et que le dernier mot de la civilisation doit être un socialisme matérialiste et utilitaire, dont les lois doivent précipiter l'avènement et assurer l'empire. Nous sommes là, il faut le dire hardiment, en face du plus redoutable problème des temps modernes. Que sera la démocratie européenne? Sera-t-elle autoritaire ou libérale? Religieuse ou athée? Où sera le principe du droit? En haut ou en bas? Dans la raison ou dans le nombre? Que deviendra la liberté en face de l'omnipotence de l'État? Voilà, dit Edgard Quinet, la seule question qui vaille encore la peine d'être discutée. Si ce n'est pas la seule, c'est au moins la plus pressante et la plus grave, et plus on s'efforce d'en pénétrer l'effrayant mystère, plus on éprouve d'angoisse en fixant les yeux sur cette nuée qui s'avance et porte dans ses flancs le secret de la grandeur ou de l'abaissement de la patrie.

Entre ces deux écoles, nous trouvons encore les restes d'une troisième qui s'efforce de corriger les excès des deux autres, et fondant le droit sur le principe de la responsabilité humaine, donne pour toute mission à la société comme aux lois mêmes de développer et d'assurer la grandeur morale de l'individu. — A ses yeux la réforme des lois ne doit être entreprise qu'avec des précautions infinies; car s'il suffit de promulguer les lois pour les rendre exécutoires, le temps seul peut leur donner l'autorité sans laquelle elles sont impuissantes à faire pénétrer dans la masse du peuple les principes dont elles sont l'expression. Une loi hâtive et portant encore la trace de la passion qui l'a dictée est d'avance condamnée au mépris. Ceux qui la font, y voient moins l'expression du droit que la satisfaction de leurs rancunes; et ceux qui la subissent attendent avec plus ou moins d'impatience le moment de la détruire; le peuple le sent, et perd aussitôt le respect dont aucune loi ne peut se passer.

Mais en même temps qu'ils cherchent par tous les moyens à défendre la personnalité humaine, les jurisconsultes et les philosophes de cette troisième école s'efforcent de ne jamais rompre la chaîne des traditions, et ne veulent rien perdre de ce grand patrimoine de tolérance et de liberté que nous avons reçu de nos pères. Nous devons à cette école les quelques bonnes lois de la Restauration et le magnifique épanouissement législatif qui restera l'honneur du gouvernement de Juillet. On assure qu'elle a perdu la faveur des masses. Elle a en effet de grands torts; elle tient pour la modération contre la violence; elle admire les découvertes de la science, mais elle croit que ces découvertes, en transformant la matière et en exaltant l'orgueil de l'homme, rendent plus nécessaire encore le frein de la religion; elle répète avec Voltaire que la géométrie laisse l'esprit comme elle le trouve; elle dit que la science ne parviendra jamais à remplacer la conscience; autant de crimes que les fanatiques qu'elle combat ne lui pardonnent pas.

Et pourtant c'est elle qui peut le mieux puiser dans les législations étrangères les exemples destinés à ruiner dans l'esprit de tout homme de bonne foi la faveur imprudemment accordée à une doctrine, à laquelle on peut pardonner un instant l'ivresse de son triomphe, mais qui n'en a pas moins le tort irréparable de travailler de toutes ses forces à abaisser le niveau de l'humanité. La législation allemande nous montre depuis dix ans ce qu'un pouvoir absolu, fondé sur la victoire, peut gagner à la persécution religieuse. En Angleterre, en Italie, nous voyons, non sans quelque envie, le droit de suffrage élargi de plus en plus avec lenteur, avec méthode, avec sûreté. En Amérique enfin, vaste champ d'expérience où toutes les théories peuvent sans danger se donner carrière, nous voyons partout le sentiment religieux considéré comme la condition essentielle sans laquelle une démocratie ne peut pas demeurer grande et libre. Mais est-il besoin, dira-t-on, pour savoir tout cela, d'étudier les lois de ces pays? Les correspondances de la presse, les récits des voyageurs ne suffisent-ils pas? La réponse est trop facile. Le publiciste échappe difficilement à l'esprit de parti; le voyageur ne peut apercevoir que la superficie des institutions et des mœurs. Au contraire, quand un peuple participe directement à la puissance législative, ses lois deviennent le miroir nécessairement fidèle des idées dominantes, et l'immuable témoin de ses faiblesses ou de ses vertus. Ce sont elles qu'il faut connaître et interroger sans cesse; car souvent un article de loi en dit plus sur l'état d'un peuple que toutes les anecdotes et tous les discours.

Nul n'a été un plus fervent apôtre de ces sages doctrines que le professeur illustre sous les auspices duquel notre société a été fondée; et les défendre est assurément le plus précieux hommage que nous puissions rendre à sa mémoire.

L'œuvre tout entière de M. Edouard LABOULAYE peut se résumer en quelques mots qu'il a écrits lui-même en tête de ses *Études morales et politiques*. Il faut les citer, car l'auteur a voulu qu'elles fussent une sorte de testament philosophique : «Depuis « dix ans, enrôlé sous votre drapeau, disait-il à M. de Sacy, je suis « resté fidèle à notre mot d'ordre : Évangile et liberté. Plus « j'avance dans la vie, plus cette devise me console et me soutient ; « plus j'essaie de faire partager notre commun espoir à ceux qui « m'écoutent ou me lisent..... S'il y a dans ce volume un caractère « qui puisse le distinguer des autres, c'est peut-être que j'y ai mis « plus de moi-même, que j'y ai dit avec plus d'abandon combien « l'expérience et la vie me ramènent chaque jour davantage à « l'Évangile et au Christ. Tous les systèmes qui chassent Dieu du « monde et du cœur de l'homme me paraissent aussi faux en phi- « losophie qu'en politique ; ce sont des doctrines de désespoir que « je repousse de toutes les forces de mon âme, comme l'erreur et « le danger de notre temps. »

Ainsi l'inspiration est religieuse ; le but est politique et social. M. Laboulaye n'est ni un philosophe, ni un théologien ; c'est en critique qu'il aborde les grands sujets de la *Personnalité divine, de la Dévotion, du Rationalisme chrétien*. Il ne prétend pas trouver des solutions nouvelles au problème de l'infini qui tourmente l'homme malgré lui ; mais il connaît les divers systèmes philosophiques ; il étudie Hobbes, Hégel, Spinoza, Kant ; aucun ne satisfait sa raison, et sa foi sort plus robuste de l'épreuve à laquelle il l'a soumise. Il n'est pas davantage un légiste, dans l'acception étroite de ce mot. Son premier livre est une histoire et non un traité du Droit de pro- priété. Mais, dès ce premier livre, il indique clairement ce qui le préoccupera toute sa vie, le fondement de la notion du droit ; et quand il croit l'avoir trouvé dans les principes d'un libéralisme chrétien, il n'a plus qu'une pensée, répandre par la parole et par la presse, les idées qu'il croit justes ; il s'efforce de les vulgariser sous toutes les formes ; l'article de journal, le traité, le discours populaire, le roman même, tout lui sert pour chercher à éclairer l'esprit du peuple ; et quand on le voit pendant quarante années défendre les mêmes principes, avec une chaleur et une élévation croissantes, combattre sans hésiter les idées régnantes, dédaigner la popularité facile, on trouve juste de le comparer à ces grands américains qu'il nous a fait connaître et sur lesquels il a écrit de si belles pages.

Mais la constance des principes n'enchaîne pas le développement de la pensée, chaque jour éclairée par le spectacle changeant de l'histoire, et l'auteur des *Essais sur M. de Savigny et sur M. de Rado-*

witz ne laisse pas que d'être assez loin de l'auteur de l'*Histoire de la Révolution américaine*. M. Laboulaye avait beaucoup étudié en Allemagne. Il avait subi le prestige qu'exerçait M. de Savigny sur la science allemande, et il s'est inspiré d'abord de ses idées. L'épigraphe de l'analyse qu'il a consacrée à ses écrits dit tout sur ce premier point : « Tu duca, tu maestro e tu signore », écrit-il. Mais déjà, avec une perspicacité remarquable, il se demande si l'école historique fait une part suffisante aux progrès rapides de la démocratie. Il reconnaît qu'il est juste de tenir dans la réforme de la législation le plus grand compte de ces éléments anciens que le passé transmet à l'avenir ; mais il demande qu'on fasse une large place aux besoins nouveaux, et même à ces aspirations confuses qui agitent l'âme des peuples, et qu'il est souvent aussi difficile de satisfaire que de comprimer. Tous les publicistes, tous les politiques dont l'esprit s'est formé pendant la première moitié du XIX⁰ siècle ont subi la même épreuve ; et dans cette transition entre ce qui a été et ce qui sera, les uns ont usé leurs forces à retarder l'avènement de la démocratie, les autres l'ont acceptée comme un fait ou comme une espérance, et ont cherché à l'instruire et à la discipliner. Plusieurs passages des écrits de M. Laboulaye révèlent clairement les doutes dont son âme a été assaillie ; cependant quand le gouvernement de Juillet est tombé, il n'a pas hésité à écrire qu'il fallait, sans s'abandonner à de stériles regrets, suivre la démocratie dans la nouvelle tentative où elle venait de s'engager.

Nommé professeur de législation comparée au Collège de France, il alla droit au but en essayant d'enseigner à la jeune République par quels sacrifices et par quelles vertus son aînée avait été fondée, et sur quels principes reposait cette constitution fédérale, qui fait à la fois la grandeur et la gloire de la nation américaine. Puis aussitôt après, et comme un complément naturel d'un travail de comparaison législative, il entreprit l'histoire des lois de la Révolution française.

A partir de cette époque, M. Laboulaye ne cessa plus d'avoir les yeux fixés sur le Nouveau-Monde ; il suivit pas à pas les vicissitudes de l'histoire américaine, si bien qu'à la fin, on aurait pu dire de ce parisien qui n'avait jamais quitté l'Europe, qu'il était le plus Français de tous les Américains. La question de l'esclavage et la guerre de sécession lui fournirent bientôt l'occasion de montrer sa profonde connaissance des affaires américaines, et en même temps son ardent amour pour la justice et l'humanité. La question était, à la vérité, fort mal connue en Europe. Le roman de l'oncle Tom y avait fait répandre bien des larmes ; mais il y avait loin de ces attendrissements à l'explosion formidable que ce livre avait provoquée en Amérique. On juge toujours assez froidement d'une coutume dont on n'a pas la barbarie sous les yeux. Personne ne savait guère ce que c'était que le *compromis du Missouri;* le bill *des fugitifs*, et le supplice de John Brown nous laissaient assez indifférents. L'Angleterre voyait sans trop de peine le déchirement de sa rivale; et même, oubliant l'honneur qu'elle avait eu d'abolir la traite, elle observait assez mal les lois de la neutralité. Quant à la France, les souffrances qu'imposait à nos industries le manque de coton, auraient bien vite fait oublier quel était l'horrible objet de la guerre civile. L'opinion était chancelante; nul n'a plus contribué que M. Laboulaye à l'engager sous le drapeau du Nord; c'est un hommage que M. de Humbolt lui a rendu. Articles, discours, conférences, il ne ménagea rien pour détruire les sophismes sur lesquels s'appuyaient les esclavagistes. Du même coup il nous fit connaître et goûter Channing, et ce Théodore Parker, dont les invectives éloquentes rappellent les plus beaux morceaux de l'antiquité. Vingt ans ont passé sur ces écrits; la guerre de sécession est presque oubliée; la plupart de ceux qui s'y sont illustrés ont disparu; nous avons subi nous-même d'assez terribles épreuves pour avoir le droit d'être moins sensibles à celles des autres. Eh bien! vous pouvez relire ces écrits; vous les trouverez vivants comme au premier jour. Point de rhétorique; point d'art apparent; mais une clarté sans égale, une émotion contenue, cette beauté qui tient à la justesse des idées, à l'élévation des sentiments, et qui, à cause de cela, ne vieillit pas. Devant ces démonstrations irréfutables, personne n'osa plus soutenir directement la cause de l'esclavage; l'hésitation du gouvernement fut contenue; et les sudistes étaient battus devant l'opinion avant de succomber sur les derniers champs de bataille. L'Amérique n'oublia pas ce service; la mort de M. Laboulaye y causa une impression profonde; et le gouvernement américain se fit l'interprète du sentiment national en manifestant avec éclat la reconnaissance qu'il gardait à ce vieil et fidèle ami.

Mais il n'est pas permis, en parlant de notre éminent collègue, d'oublier ces allocutions familières qui sont peut-être la partie la plus originale de son œuvre. La législation comparée aura des professeurs d'une érudition aussi vaste et aussi sûre; les causes qu'il a servies trouveront des défenseurs aussi habiles et aussi dévoués; mais dans ces discours qu'il a intitulés lui-même *Discours populaires*, on peut dire que tout est personnel, le fond comme la forme. Ce n'est pas que nous soyons exposés à manquer de conférenciers politiques; chaque parti a les siens, excepté peut-être le parti de a modération. Mais le langage qu'on y tient est presque toujours celui de la passion; on cherche à exciter des sentiments plutôt qu'à répandre des idées. Ajoutez qu'un intérêt très personnel dirige presque toujours les orateurs; ce ne sont pas des auditeurs qu'ils ont devant eux; ce sont des électeurs. Tout autre est l'inspiration de M. Laboulaye. Dans un discours prononcé en 1866, sur l'abolition de l'esclavage, il s'exprime ainsi : « Toutes les fois que des hommes, « quelles que soient leurs vues particulières en politique et en reli- « gion, voudront se réunir pour défendre une de ces grandes causes « qui s'imposent à la conscience publique, je déclare que, quant à « moi, je serai toujours prêt à m'associer avec eux. Soit qu'on « veuille que je préside, soit qu'on désire que je parle, soit qu'on « aime mieux que je me taise, je serai toujours heureux d'être là.» Vous le voyez, il n'y met pas de coquetterie; il ne se fait pas prier; il y a une grande cause à défendre, il s'offre; que dis-je! il offre même de se taire. Mais on le presse de parler; il cède, et quand on l'écoute, on sent bientôt qu'il a ses idées, non dans la bouche, mais dans le cœur; et qu'il appartient à cette race d'hommes, la plus utile et la plus grande dans une société démocratique, pour qui les paroles sont des actes et qui font la vérité, suivant l'énergique expression de l'apôtre. Et avec cela, quelle simplicité dans la forme! Quelle bonhomie souvent malicieuse! Quel éloignement de toute déclamation! Quel mélange d'anecdotes piquantes et de graves raisons! Quelle sincérité dans l'expression du sentiment! Quelle émotion produite par cette sincérité même! Quelles rencontres imprévues et toujours heureuses de la familiarité et de l'éloquence! Quel art merveilleux de préparer par un sourire l'explosion des larmes! Car, il est impossible, même après tant de temps écoulé, après tant d'événements et de vicissitudes, de lire sans être remué jusqu'au fond de l'âme, les discours qu'il a prononcés sur les *maux de la guerre,* sur *l'art d'être heureux,* sur *l'éducation populaire,* parce que ces œuvres étincellent à chaque page de ces traits qui viennent du cœur et vont à lui. On n'est pas seulement convaincu; on est touché; on partage son enthousiasme; on se sent pour un instant la force de secouer le manteau d'indifférence égoïste sous lequel s'abrite si volontiers la modération; on ne veut plus abandonner la place publique aux aboiements de la violence et de l'erreur; on comprend ce qu'il y a de vraiment efficace dans l'énergie d'un Channing, d'un Horace Mann, se faisant les apôtres d'une idée, sacrifiant leur position, leur fortune, leur vie même pour faire pénétrer de saines lumières dans ces masses profondes du peuple, dont on doit tout craindre ou tout

espérer; et si, lorsque l'ardeur est refroidie, lorsqu'on a de nouveau
courbé la tête sous le joug de la réalité, on ne se sent plus la force
d'imiter de tels dévouements, du moins on ne peut s'empêcher
d'admirer et d'aimer l'homme de bien éloquent qui est de leur
race, modéré jusqu'à la passion, toujours fidèle à lui-même, étranger
à toutes les iniquités de l'esprit de parti, unissant la simplicité démocratique des habitudes à la culture la plus élevée de l'esprit,
dédaigneux des petites distinctions, ne cherchant ni le bruit ni les
honneurs, trouvant sa gloire dans le témoignage de sa conscience,
et s'estimant heureux d'avoir pu consacrer sa vie à servir le droit
et l'humanité.

C'est bien aussi la cause de la démocratie et de la liberté qu'a
voulu servir l'orateur éclatant auquel la France a accordé cette
inestimable récompense de le pleurer comme un grand citoyen.
Quelle étrange vie que la sienne! et qu'il y aurait d'intérêt à étudier
ce tribun vigoureux, qui, parti de rien, s'est élevé tout à coup si
haut, et a causé par sa chute rapide plus d'étonnement encore qu'il
ne l'avait fait par son élévation. Personne n'a mieux montré de
quelle puissance un homme dispose quand il s'est emparé de l'esprit du peuple. Je l'ai vu, en 1870, recevoir les délégués d'une mu-
nicipalité factieuse, et se faire applaudir par eux, après les avoir
traités plus rudement que ne l'aurait fait Louis XIV. A quoi devait-il
ce prestige? Principalement à ce que, comme le peuple, il remuait
des idées et dédaignait volontiers les faits. Relisez ses harangues;
elles contiennent presque toutes le développement d'un point de
droit populaire, et l'orateur ne s'y refuse pas même un peu de cette
obscurité qui convient à la métaphysique. On entend ce qu'il dit;
on ne comprend pas toujours ce qu'il veut dire. Par un contraste
remarquable, il excelle à résumer le trait caractéristique d'une
situation politique dans un de ces mots sonores qui éclatent comme
une fanfare et guident dans une mêlée confuse les partisans dis-
persés. Presque tous ses discours offrent le plus singulier mélange de précision et d'obscurité, d'un développement magistral
et de conclusions incertaines, d'un style noble et soutenu à côté
du jargon le plus vulgaire. Il aime l'autorité et il en sape les fon-
dements. Il adore son pays; ceux qui, dans ses résistances de 1871,
ont vu l'acharnement d'un ambitieux qui se cramponne au pouvoir et non le désespoir furieux d'un athlète vaincu, ont commis la
plus impardonnable des méprises ou des injustices; et, sachant
combien la concorde des citoyens est nécessaire pour relever la
grandeur d'un peuple, il se fait le Pierre l'Ermite d'une croisade

antireligieuse. Je voudrais pousser à bout ces contradictions et vous montrer qu'elles ont leur cause bien moins dans les besoins changeants de la popularité que dans la nature même de l'idéal que se forgeait ce généreux esprit; mais une pareille recherche sortirait par trop du cadre de nos travaux. Ne croyez pas d'ailleurs, qu'absorbé par les préoccupations de chaque jour, il fut indifférent à nos études. Il aimait la science en homme qui en sait tout le prix, mais qui est obligé de se contenter des résultats qu'elle donne sans avoir le temps de la cultiver et de se pénétrer des principes. Les nouveautés des législations étrangères le frappaient, et son imagination les aurait volontiers embrassées. Il portait à tous nos travaux le plus vif intérêt, et il était homme à tenir le plus grand compte des opinions dominantes qui se forment parmi nous. C'est tout ce qu'il convient de dire ici de cette vie brillante et interrompue, en y joignant le douloureux hommage de notre amitié.

Vous savez, Messieurs, quelle grande place tiennent parmi nous les membres de l'enseignement du droit, comme leur dévouement et leur science rehaussent l'éclat de nos études, et quel est pour nous le prix de cette collaboration avec des hommes qui restent nos maîtres en devenant nos collègues. Nous avons perdu cette année trois professeurs : M. CASSIN, à Paris; M. HANOTEAU, à Lyon; M. CLIFFORD BATEMANN, à New-York.

Vous avez tous lu, Messieurs, le portrait vraiment exquis que le doyen de la Faculté de Paris a tracé de M. Cassin. Du même coup il le fait connaître, il le fait plaindre et il le fait aimer. Ses succès rapides bientôt interrompus par la maladie, ce spectacle douloureux d'une âme forte que la faiblesse des organes condamne à l'inactivité et réduit quelquefois à l'impuissance, et au milieu de ces alternatives d'espérance et de découragement, le point lumineux de 1870, la croix d'honneur donnée à la vaillance militaire, M. Beudant a dit tout cela avec l'émotion d'un ami, avec l'autorité d'un témoin qui parle devant des témoins. Il faut se souvenir de cette étude si délicate, si juste; il n'y faut rien ajouter.

La carrière de M. Hanoteau a été encore plus vite achevée. Il est mort à trente et un ans, professeur à la Faculté de droit de Lyon. M. Hanoteau avait fait son droit à Paris. Dès 1872, il obtenait le deuxième prix de droit français et la première mention de droit romain dans les concours ouverts entre les aspirants à la licence. Il fut en 1877 attaché à l'enseignement du droit, et professa successivement à Grenoble, à Poitiers, à Lyon. En moins de six années il

dut préparer quatre cours : Droit romain, Pandectes, Droit indus-
triel, Procédure civile. Je le dirai franchement : il a eu le droit de
mourir à la peine. Sans doute le grade d'agrégé à la Faculté sup-
pose une pleine connaissance de toutes les parties de la science
juridique; mais il y a loin de savoir à enseigner; et il me paraît
difficile qu'en si peu de temps, on parvienne, même au prix d'un
effort excessif et dangereux, à former le plan de quatre cours, et à
le remplir en imposant à la variété des leçons cette unité puis-
sante, résultat d'une méditation acharnée, la première qualité qu'il
faut ambitionner pour son œuvre, et la dernière qu'on arrive à lui
assurer. Dans le discours éloquent qu'il a prononcé sur la tombe de
son jeune collègue, M. Caillemer, doyen de la Faculté de Lyon,
nous le montre pensif, fuyant les distractions du monde, partageant
sa vie entre le travail et la solitude des montagnes; très aimé cependant de ses élèves qui sentaient bien tout ce que cette appa-
rente froideur cachait de dévouement à leurs progrès. Ils lui don-
nèrent même de leurs sentiments un touchant témoignage; une
députation de jeunes gens accompagna à Decize la délégation de la
Faculté de droit.

M. Clifford BATEMANN est mort tout jeune aussi, professeur de
droit administratif à New-York. Il s'était voué de bonne heure à
l'étude du droit public. Après avoir appris en Amérique ce qu'on
pouvait lui enseigner, il vint en Europe. Il se rendit d'abord en
Allemagne, et passa une année aux universités d'Heidelberg et de
Berlin. En 1870, il arriva à Paris et suivit les cours de l'école libre
des sciences politiques; puis, riche d'observations et de faits, il
retourna en Amérique, où il obtint la chaire de droit administratif
à Columbia Collège. Son enseignement eut le plus vif succès; et sa
mort, nous écrit un de nos correspondants, a été considérée
comme un deuil public.

Que vous dirai-je, Messieurs, de M. Paul DE BEAUMONT? Petit-fils
par sa mère du général La Fayette, ce jeune homme aurait eu de
l'embarras à choisir dans l'illustration de ses origines. J'en ferai le
meilleur éloge en vous rappelant que M. Dufaure avait reporté sur
lui toute l'affection qu'il avait pour son père, et l'avait appelé deux
fois à remplir les fonctions de chef de son cabinet. Il faut beaucoup
de tact pour s'acquitter de ces délicates fonctions. M. Paul de
Beaumont les avait remplies à merveille, et là, comme au Conseil
d'Etat, il avait conquis toutes les sympathies. Encore une espérance
moissonnée !

M. Peèmans avait été pendant de longues années l'un des premiers avocats du barreau de Louvain. Il était étudiant en médecine en 1830 ; il prit une part active à la Révolution, comme volontaire d'abord, puis comme capitaine de la garde civique. Décoré pour sa vaillance de la Croix de fer et bientôt de l'ordre de Léopold, il fut tenté de demeurer soldat ; on lui offrait le grade de capitaine dans l'armée régulière. Il refusa cependant, et quitta même la médecine pour le droit. Après de brillantes études, il se fit inscrire au barreau. Ses succès furent si éclatants qu'une députation de négociants d'Anvers le sollicita de venir s'établir dans cette ville pour y recueillir la clientèle du grand avocat Jacobs. M. Peemans aurait cru commettre une ingratitude en cédant à cette prière ; ses compatriotes ne tardèrent pas, d'ailleurs, à le récompenser de sa fidélité. Il devint successivement conseiller communal, membre et président pendant de longues années du conseil provincial, enfin bourgmestre de Louvain. Il fut toute sa vie le chef du parti libéral, et demeura, malgré les vicissitudes de la politique, l'homme le plus populaire de la cité. On le vit bien à ses funérailles, auxquelles l'estime universelle donna la plus imposante grandeur. Heureux le pays qui compte beaucoup de pareils citoyens !

M. Burch avait été banquier à Chicago. Retiré des affaires, il vint en France où sa fille était élevée, et bientôt des liens de famille l'y fixèrent pour toujours. Je ne dirai rien de trop, en affirmant que M. Burch ne pouvait pas ne pas nous appartenir. Il avait d'ailleurs le goût des Américains pour l'association, et la générosité qui les porte à soutenir toutes les œuvres utiles. Aussi était-il devenu membre perpétuel de notre société. M. Burch n'était pas un juriste, mais il avait beaucoup voyagé et, ce qui est plus rare, beaucoup appris en voyageant. Ses goûts le portaient vers l'économie politique ; il était membre du Cobden-Club, et libre échangiste convaincu, quoique d'un pays où on ne l'est guère. Il est mort à Nice au cours de l'hiver dernier, et ceux qu'il a laissés savent bien que leur deuil est en même temps le nôtre.

M. Victor Lefranc est mort au mois de septembre, après une longue carrière illustrée plus encore par la loyauté et la fidélité de ses convictions que par les honneurs dont il a été revêtu. Il était parmi nous l'un des derniers représentants de l'école républicaine de 1848 ; et plus d'une fois, sous une seconde république, il a dû s'étonner de la différence profonde des idées que semble couvrir le même drapeau. Les hommes de son temps étaient pour la plupart des libéraux avancés plutôt que des démocrates. La République ne leur apparaissait pas comme un moyen d'assurer la domination politique des classes ouvrières, mais comme une forme de gouvernement plus large, et surtout moins favorable aux compétitions ministérielles et aux calculs individuels. C'était l'idéal que couronnait d'une auréole d'éloquence et de poésie le génie de Lamartine. Il y avait dans leur foi politique des souvenirs confus de 1791, des rêveries de réformation sociale, une pitié véritable pour la plainte éternelle qui sort des entrailles de la société, une soif ardente de liberté et de justice, et par-dessus tout un désintéressement sincère et le respect de tout ce qui peut soutenir le courage, inspirer le dévouement et fortifier la conscience. L'histoire pourra blâmer leurs illusions et leurs imprudences; elle n'aura pas à leur reprocher la bassesse de leurs instincts. Lorsque la République reparut, elle ramena par la main ceux qui l'avaient autrefois servie. Victor Lefranc était au premier rang, et trois jours après la réunion de l'Assemblée nationale à Bordeaux, rapporteur du projet de loi sur l'organisation du pouvoir exécutif de la République Française, il improvisait à la tribune ce rapport célèbre, que l'Assemblée couvrit de ses applaudissements redoublés, confondant ainsi pour un instant dans le même hommage le citoyen illustre qu'elle chargeait du poids de nos ruines, et l'orateur éloquent qui venait de résumer en quelques mots toutes les douleurs de ces jours exécrables. M. Victor Lefranc avait le don de l'émotion sincère et communicative. Il était avec cela le meilleur des hommes; aussi le chagrin de sa mort a-t-il de beaucoup dépassé le cercle de sa famille. Il nous a laissé deux fils qui continuent parmi nous ses traditions et perpétuent son souvenir.

M. Fourchy était avocat général à la Cour de Paris, lorsque la politique l'écarta de son siège et le rendit au barreau. Bien qu'il fut fort attaché à ses travaux professionnels, il avait cependant moins qu'un autre contracté le pli du métier. C'était un homme du monde, très curieux, très informé, très épris des grâces légères de la conversation et du discours. Le bonheur dont il était entouré a fait paraître plus cruelle la mort inattendue qui l'a foudroyé.

Enfin, nous avons perdu M. Ferey, juge d'instruction au tribunal de la Seine, magistrat plein de zèle, et plus laborieux peut-être que ne le voulait sa santé; — M. Oudin, dont le nom se retrouve à toutes les pages du *Bulletin* et de l'*Annuaire;* — et enfin M. Iglesias, jurisconsulte espagnol très distingué.

Ainsi la mort se charge, par la variété même des pertes qu'elle nous inflige, de manifester le caractère universel de notre association et de nos études. Tout aujourd'hui aboutit à une loi, et les lois, quelles qu'elles puissent être, sont à peu près sûres d'être obéies. Aussi, les partis, disciplinant leurs impatiences, n'ont plus d'autre but que de s'emparer du pouvoir de les faire. Notre rôle est de les aider tous, s'il se peut, à les bien faire. Pour cela, nous cherchons à agrandir l'horizon étroit dans lequel les enferme la lutte de chaque jour. Dès que, çà ou là, s'élève une grave question, nous réunissons presqu'en un instant de tous les points du monde civilisé, les documents qui peuvent aider à la résoudre. La traduction qui les vulgarise prépare le commentaire qui les féconde. C'est comme une vaste enquête où chacun vient déposer de ce qu'il a vu et observé. Mais nous nous gardons bien de conclure, de condamner par un vote tel ou tel système ; nous voulons éclairer les partis et non les servir. Chacun garde ses préférences ; l'œuvre de la Société demeure impersonnelle. Et certes, nous avons le droit de prendre pour nous ces paroles que s'adressait à lui-même M. de Savigny : « Travaillons avec courage, dussions-« nous êtres oubliés. L'œuvre de chaque homme est périssable « comme est sa vie. Mais l'idée qui se transmet de siècle en siècle, « et qui fait de nous tous, qui travaillons avec amour et constance, « une communauté perpétuelle, cette idée est impérissable. C'est « en elle que se perpétue et s'immortalise le tribut le plus faible « du plus obscur ouvrier. »

Nous sommes nés, nous avons grandi avec ce programme et nous ne comptons pas nous en écarter.

9 782014 062441